Made in the USA
Las Vegas, NV
31 May 2022

49621420R00083